# Nakaam Rishte

## Ek Tarfa Mohabbat Ki Shayariyan

Anshu Singh

*"Kuch rishte adhoore reh gaye,*
*Kuch baatein keh na sake,*
*Aur kuch yaadein,*
*Jo aaj bhi saath hain."*

# Copyright Page



First Edition: 2026

ISBN:

Published by: Notion Press

# Preface

These poems were written during different phases of my life. Some emerged from heartbreak, some from loneliness, and some from memories that refused to fade.

"Nakaam Rishte" is a collection of emotions, unspoken words, and moments that often remain hidden in the corners of the heart. Each poem carries a part of a journey shaped by love, loss, hope, and remembrance.

I do not claim to have all the answers, but these verses reflect feelings that many of us experience at some point in life.

I hope these words find a place in your heart and that somewhere within these pages, you discover a reflection of your own story.

— Anshu Singh

# Contents

# ♥Adhoore Rishte ♥

Mana ki mujhe rishte nibhane nahi aate,

Lekin badi shiddat se tumhe chahte the…

Bas dil ki ek adhoori tamanna thi,

Jane se pehle ek dafa mil leti…

Mana ki meri ek tarfa mohabbat thi

jab hamne unse pyaar ka izhaar kiya,

To unhe agle hi pal nafrat ho gyi…

Ek zamane me itni mohabbat karte the,

Ki khud ko sambhal nahi paate the…

Tumhare dil me na sahi par tumhari,

Aandheri galiyon me har shaam aate the…

# ♥ Main Gunahgaar Hoon ♥

Ha ma tumhara deewana hu,

Maine tumhara dil toda hai samjhta hu…

Maine tumhare jasbaat bhi toode hn samajhta hu…

Mohabbat ek haseen gunnah hn,

Wo gunah karke bhukat bhi chuka hu…

Takleef hoti hn

jab wo dekh ke andeekah karti hn,

Or bewafa hame kehti hn…

Adhoori mohabbat ho isliye haq rakhte hn,

Dur se hi sahi magr hifazat jarur karte hn…

## ♥ Aakhri Faisla ♥

Ma apni kismet ab or nahi aazmaunga,
Tumhe ab or nahi sataunga…

Ma tumhe apne sil se alwida keh dunga,
Or apne ghar aandhero me lot aaunga…

Tum meri mohabbat nahi samajh paogi,
Ma dil mein rounga tum aankhon se muskuraugi…

Ek khoobsurat sa Rishta kuch yuu khatm ho gya,
Wo dosti nibhati rahi or mujhe ishq ho gya…

## ♥ Jab Tum Nahi Thi ♥

Bohot roya tha us raat mein,

Aankhon mein nami dil me kash mo kash thi…

Kis ke kandho par sir rakhke rota,

Meri mohabbat hi mere sath nahi thi…

Dil uska maine dukhaya tha galti sari meri thi,

Wo maasum bewafa nahi thi…

## ♥ Tasveer Mein Tum ♥

Tasveer mein bhi kya khoob lagti ho,
Gairon ka to pata nahi, mujhe bahut achchi lagti ho...

Tumhari khamoshi bhi dastaan suna jaati hai,
Aur tumhari muskaan dil ko sukoon de jaati hai...

# ♥ Paas Hokar Bhi Door ♥

Aag lagi hn dil mein,

Par dikha nahi sakta…

Bahot mohabbat hn tumse,

Par bata nahi sakta…

Mujhe tum pasand ho,

Par jata nahi sakta…

Tumhare itne pas hokar bhi,

Tumse mil nahi sakta…

Isbar faisla karke aaya hu,

Ki apna bana hi lunga…

Badi kismat se mili ho tum mujhe,

Itni aasani se tumhe jaane nahi de sakta…

## ♥ Bas Ek Tum ♥

Bahut chehre dekhe is zamane mein,

Par tumhare jaisa koi nahi…

Bahut ladkiya mili mujhe,

Par tumhare mukable ka koi nahi…

Har kisi me tumhe tarashta tha,

Lekin bhul kar bhi tumhe bhula nahi pata tha…

Aksar milti ho tum mujhe,

Par chah kar bhi nazar andaaz nahi kar pata…

# ♥ Tumse Bichhad Kar ♥

Bahut samay hogya tumse baat nahi ki,

Kaafi waqt guzar gya tumhe dekha tak nahi…

Hamari koi baat wo dil par laga bathi

meri raani itni khafa hn mujse,

Ki wo bina bataye chali gyi…

Kaafi aarse baad unhe kisi mehfil me dekha,

Magar us masuum ne to palat kar bhi nahi dekha…

Aaj bhi tanhai mein ham tumhe yaad karte hn,

Magr samne aate hn to rasta badal liya karte hn…

# ♥ Na Hum, Na Who ♥

Tu hi haqiqat khaab bhi tu,
Manjil bhi tu meri aarzu bhi tu…

Ha meri pehli mohabbat tu,
Esi pehli Hasina hn tu…

Khubsurti bhi tere aage sharma jaaye,
Aasu giri to moti ban jaaye…

Choti baton par rooth jaaye,
To mahino tak koi mana na paaye…

Na ham kabhi unse maafi mang paaye,
Wo wo kabhi hame maaf kar paaye…

# ♥ Zakhmon Ka Asar ♥

Ma buran ahi hu meri bhi kuch kahani hn.

Ye jo badla badla rehta hu apno ki hi meharbani hn…

Zindagi me pehli bar koi pasand aaya,

Wo bhi bina bataye duur chala gya…

Baat yaha tak aage badd chuki thi,

Wo hi haqiqat or aarzu thi…

Del hi pehli  khawish,

Jindagi ki aakhri chahat thi…

Maine bhi muskurate hue keh diya,

Wo mere liye kabhi bani hi nahi thi…

# ♥ Jo Keh Na Saka ♥

Kuch bolne ki koshish ki hn,

zara goor farmayega…

Ki mohabbat hamne tumse ki thi,

Tumne hamse nahi…

Dil tumne hamara toda tha,

Hamne tumhara nahi…

Hame ishq tumhari mojudgi se tha,

Tumhari khubsurti se nahi…

Ishq hamne sirf tumse kiya tha,

Or kisi se nahi…

Sath rahne ki kasmein sirf maine khaein thi,

Hamne nahi…

Wo har roz poochti hai, Kyun mere saamne aate ho?"
Kaise bataun, raaton ko sirf tumhara chehra nazar aata hai.

Bas unse milne ke bad dil kuch bechan so hojata hn....

# ♥ Jeete Ji Maut ♥

Kaash tujhe koi khwaab aa jaye,

Us khwaab me ham a jaye…

Mohabbat, dewangi, junun is kadar tera,

Tusse milne ko tu khud bhi na rok paye….

Dukhaya, tadpaya, rulaya is kadar tune,

Jaane kis bewafa pe lutadi mohabbat hamne….

Zindagi mein kabhi esa din na aaye,

Ki khudki mohabbat kisi or ki ho jaye….

Usse pehle mout hi aa jaye….

# ♥ Dil Phir Dhadka ♥

Kaafi arse baad phir mohabbat hui hn,

Meri har ek shaam unhi ke liye hoti hn…

Tum kise chahti ho mujhe nahi janna,

Tumhara kya fasla hoga nahi janna…

Khuda ka kahar hn kal ham milenge,

Anjaan hokar ek dusre ko dekhenge….

Kal subha ham dono ek dusre ke samne honge,

Ya dil judenge

Ya fhir tootenge….

# ♥ Muskuraate Aansu ♥

Aaj bhi wo waqt yaad karke has leta hoon,

Yaad tumhari aati hn to ro leta hoon…

Aanjan hokar ek dusre se mile the,

Mohabbat tabhi ho chuki thi jab tum masuum the…

Kaafi samy ek dusre ke sath bitaya,

Shyd suniya ko sath raas na aaya…

Hamari harkato par naraaz mat hua karo,

Agar galti ho jaaye to data diya karo…

Ruthne ka haak hn tumhe,

Magar wajah bataya karo…

Naraz hona galat nahi,

Magar hamara kusur bataya karo…

## ♥ Pehla Khayal ♥

Subha uthte hi teri tasveer niharta hu,

Kya karu mohabbat hi is kadar karta hu…

Badi himmat karke tumhe ek message karta hu,

Fhir sara din jawab ka intzaar karta hu…

Shruaat mein tum bahot baatein karti thi,

Bas unhi yaadon ko lekar muskurata hu…

Kabhi ek muskaan dekar dil jeet leti ho,

To kabhi bina wajah khud hi ruuth jaati ho…

Kab tak ese hi chalta rahega,

Ab or kitna intzaar karna padega…

Tumhe paane ki zid bhi nahi, tumhe khone ka hausla bhi nahi,
Ajeeb sa ishq hai mera, jo mukammal bhi nahi aur khatam bhi nahi.

# ♥ Bheegi Aankhein ♥

Kabhi wo itni shiddat se yaad aati hn,

Ki aankhein band karo to bheeg jaati hn…

Jab mohabbat ishq me badal jaati hn,

Unki galtiya bhi nazar aandaz ho jati hn…

Kisi ne kaha bhul ja use wo tujhe nahi apnayegi,

Bharosa hn ek din wo zarur aayegi…

Mere aasu apne haathon se pooch ke jayegi….

Shyd tab bahut deer ho gyi ho,

Shyd wo meri ho bhi gyi ho…

Par tab tak uski yaadein,

Hame is duniya se samat le gyi ho….

# ♥ Khud Se Jhooth ♥

Waqt kitni jaldi guzar gya,

Ehsaas hi nahi hua…

Jo mere liye sab kuch tha,

Uska hath koi or le gya…

Kisse kehta apne dil ki baat,

Koi sath hi nahi tha…

Unke jitney pas gaya,

Utna duur kar diya…

Bheegi aankhein leke chalta raha,

Lekin bheed mein muskurata tha…

Sabke samne keh diya use bhula diya,

Agle hi pal uski yaadon ne mujhe rula diya…

## ♥ Narazgi Se Pare ♥

Tu lakh khafa ho jaaye musse,

Ma tujhe har bar manaunga…

Kitna ishq karta hu tusse,

Kabhi samjha nahi paunga…

Agar aai koi bhi aach tere upar,

Har mood pe tera sath nibhaunga…

Koi hn ter edil mein to bata de,

Ma tere se khud duur chala jaunga…

Warna jis din dekha kisi or ke sath tujhe,

Ma jeete je mar jaunga….

# ♥ Ek Jhootha Rishta ♥

Apne se duur rakhna hi tha to bata dete,
Dikhawa karne ki kya zarurat thi…

Ishq nahi sirf dosti hn bata dete,
Haq jatane ki kya zarurat thi…

Jab sath nahi nibhana tha bata dete,
Jazbaat jagane ki kya zarurat thi…

Dhooka khaya to ehsaas hua,
Itna sab karne ki kya zarurat thi…

Kaash wo ek baar ha kar dete,
Unpe jaah ki saari Daulat luta dete…

Itni nakaam koshish ke baad bhi,
Wo hamare ho na sake…

## ♥ Ek Guzarish ♥

Aao naye saak ki Mubarak de de,

Nahi hn man milne ka to pehle hi keh de…

Haam phir bhi aayenge,

Hath me gulab or kangan laayenge…

Mat banana bahane duur jaane ke,

Diwane dhuund hi lete hn raste milne ke…

Kaali saadi mein aaj bhi absara lagti ho,

Pallu sambhalte hue pyaari lagti ho…

Kahani ne yuu mood liya

Jo tera tha tujhe mil gya,

Jo mera tha mujhse bichad gya…

Kis hak se zalil hame karti ho,

Mohabbat kisi or se karti ho…

Naye saal mein mile tujhe jise tu chahe,

Naya saal teri zindagi mein sukoon laye…

## ♥ Ek Muskaan Ki Wajah ♥

Tum meri zindagi mein kuch is tarah aayi,

Chehre pe Muskaan or khushiya laayi…

Thode se waqt mein itni pasand aayi,

Tumhara dard mera or meri khushiya tumhari ho gyi…

Dono ki kahani hn ek,

Jhela hn dono ne dard ek...

Rakhna chahta hu tumhe ab se khush,

Nahi jhelna hoga tumhe ab or kuch…

Nibhana hoga sath mera,

Jeetunga vishwaas tumhara…

Jitna waqt chaiyye utna dunga,

Tumhare liye kahi bhi aaunga…

Chahata hu tum bano sirf meri,

Nahi janta kar rha hu koi jaldi…

Rakhna hoga vishwaas apna mere paas,
Hifazat karunga iski har ek raat…

Tumhe dunga zindagi ki har ek khushiya,
Hath thaam ke tumhara nibhaunga har itehaan…

Diya agar sath tumne
Yaad rakhna ek din aisa bhi aayega,
Tumhe ghar se vida karke
Apne naam ke sath le jaaunga….

## ♥ Har Koshish Tere Naam ♥

Ham ne wo sab kuch kiya unke liye,
Taaki wo apni takleef bhuul jaaye….

Din raat baithe sirf unke liye,
Taaki unki hifazat kar paaye…

Hamne kaha bhuul jaaye abse sab kuch,
Nahi sehna hoga ab or kuch…

Mile the dono ek itfaak se
Thi wo kisi ki bachpaan ki dost,
Dekhte hi kho diya maine apna hoosh…

Dono ne khuub pasan kiya ek dusre ko,
Lafzoon se pehle samjh liya jazbaato ko…

Ladka tha dil or jazbaaton ka kacha,
Har kisi ko bana leta tha apna sacha…

Door baithe hi usne saja liya ek alag hi sapna,

Jismein tha bas wo aur uska khud ka sapna…….

## ♥ Ek Tarfa Koshish ♥

Tum kisi ki zabardasti chahat ban nahi sakte,

Nakaam koshisho ke baad bhi unhe apna kar nahi sakte....

Chahe jitna karlo tum unke liye,

Phir bhi unki pehli pasand ban nahi sakte...

Jab pehle se hi basa ho koi unke dil mein,

Tum apne liye ek chota sa koona bhi paa nahi sakte...

Unke saare gaam tum mita do agar,

To bhi zarurat pe wo tumse bat kar nahi sakte...

Bheek me mile hue waqt ko sambhalte ho,

Aur usi jhooti se tasalli me je lete ho...

Wo aksar hame tanhaiyoon mein yaad karte hn,

Aur ham bheed mein bhi sirf unhi ke khyal sajate hn....

# ♥ Har Baar Haara Hoon ♥

Apna dil itni dafa dukkha chuka hoon,

Mohabbat ki bheek maang ke thaak chuka hoon…

Jisko bhi dil se apna maana,

Usne bina sooche use tood jaana…

Behtar ki talash me choor diya mujhe,

Jaise kabhi tha I nahi mein unke liye…

Haste hue joodon ko dekhkar muskurata hoon,

Par sach ye hain andr hi andr toot jaata hoon…

Har kisi ko chahane waali mil jaati hn

bas main hi reh gaya tanah,

Kya mein itna bura hu yaha…

Kaash koi hoota jo mera haal puchta,

Mera bina baat kiya na soota…

Par ab thak gya hu kisi ko apna banana se,

Dar lagta hn phir se khud ko khone se…

## ♥ Naya Savera ♥

Bahut hua intzaar ab wo ghadi aa hi gyi,

Hat gye gam ke badal ab khushiyo ki lehr aa hi gyi…

Itne intzaar or intehaan ke baad wo ghadi a hi gyi,

Dil ki baatein zubaan pe aa hi gyi…

Udhar tum apni pasand napasand ginati chali gyi,

Mere dil me apni jagah banati chali gyi…

Bheje to tumhe toofein the,

Lekin mere seene me apna pyaar choor gyi…

Or meri ek lauti pasand tum ban gyi…

## ♥ Be-Rukhi ♥

Aaaj kal kaati kaati rehti ho,

Kya baat ho gyi jo baat nahi karti hoo…

Sabki parwaah or unse ghanto baat karke,

Hame nazarandaaz karti ho…

Jab bhi pucho tumhara haal to bahane banati ho,

Ya baat na karni pade isliye ye sab karti ho…

Maine socha tumhe sambhal ke rakhenge,

Magar tumne kaha tujhe jald hi feekenge…

Kisi or ka zikr hoo to baat taal diya karti ho,

Mere hi aankhon ke sawalo se bach nikalti ho…

Esa aachanak kya ho gya,

Shyd hame choor koi naya pasand aa gya…

Tumhe kya hua hn hame batate kyu nahi,

Tum aawaz dete to kya haam aate nahi…

## ♥ Ek Naseehat ♥

Kisi ko khud se zyada mat chahana,

Mohabbat ko kabhi sar par mat chadana…

Wo shaks sabko hasayega,

Magar tumhari aankhon ko rulayega…

Wo apne dushman ko bhi apnayega,

Par tumhe har dafa thukrayega…

Dhokha kha kar mohabbat ko kosega,

Aur badla kisi aur se lega…

Jaan bhi dedo unke liye wo tab bhi nahi apna banayega

bas dur rehke diye hue zakhm dekhke,

Khamooshi se muskurayega….

Aksar mehfilo mein tumhari deewangi ka mazar udega,

Lakh dard zhelne ke baad bhi uska chehra nahi bhulaya jayega…

Kya yahi mohabbat hoti hai?

ek anjaan ne has kar kaha –

Nahi ye mohabbat nahi, deewangi hoti hn…

## ♥ Badnaseebi ♥

Kisi ko mil jaati hai mohabbat bina kuch khoye,
Ek hum hain jo har shakhs ke liye raaton ko roye…

Jise bhi chaha sabne thukrakar hn rulaya,

Itna dard dene ke baad bhi kisi ne nahi apnaya…

Akelepan lagta hn par zikr kisi se nahi karte,

Isliye mehfilo me kehte ham pyaar me yakeen nahi rakhte…

Ishq usi se kyu hn wo samjha nahi sakte,

Lagta hn baddyon hn ki ham kisi ke hon ahi sakte…

Mard hn isliye ro bhi nahi sakte,

Itna tadpe ki ab khubsurti se mtlb nahi rakhte…

Aajkal ke loog to husn ke liye marte,

Ek ham the jo unki ek zalak ke liye duur se tarse…

## ♥ Shikayat Kaisi ♥

Agar mohtarma humein chhodkar khush hain,
to unse koi shikayat kaisi...

Mohabbat agar sacchi thi,
to unki khushi se ruswai kaisi...

Unhe muskurata dekhkar bhi dil khush na ho,
to phir hamari mohabbat hi kaisi...

Humne to chaha tha unhe har haal mein khush dekhna,
chahe us khushi mein hamara zikr ho ya na ho...

Aur agar koi yun hi mil jaaye bina intezaar ke,
bina tadap ke, bina bechaini ke...

To phir us ishq mein woh deewangi kaisi,
woh raaton ki bekhudi aur woh pagalpan kaisa...

Mohabbat agar aasan hoti,
to har kisi ki kahani mukammal hoti.

# ♥ Ankahi Mohabbat ♥

Dil mein ek shor sa hai, magar suna nahi sakta,
Itni mohabbat karta hoon tumse ki jata nahi sakta...

Har roz saamne hokar bhi,
Tere paas aakar apna haal suna nahi sakta...

Jaise-taise jee raha hoon teri yaadon ke sahare,
Ek tu hai jo har roz mujhse door jaane ke bahaane dhoondhti hai...

## ♥ Woh Aurat Hai ♥

Zamana kehta hn,

Mard ke aage aurat kya hain…

Mard ha khandaan ki virasat,

To aurat ki kya aukat hn…

Ek buzurg ne aoni taraf bulakar jawab diya,

Aurat ki bekadri ka chand panktiyo se jawab diya…

Tum puchte hoon aurat kya hain

jo apni aadhi zindagi tumhe dede,

Or puchte ho usne kara kiya hn…

Wahi jo apna nashta choorkar,

Tumhe darwaaze tak choorne aaye…

Tumhare sookar uthne se pehle,

Mandir jaakar tumhare kamyaabi ki guhar laga aaye…

Rooz tumhe darwaaze pe khaade hokar dekhti hn,

Uski duaaye tumhe daftar tak sahi salamat pahuchati hn…

Tum aurat ki aukat ki baat karte ho,

Iska jawab apni ma or behn se kyu nahi puchte hoo…

Wo jo tumhare liye apna ghar choor aaye,

Phir bhi tum sirf usko khush na rakh paaye…

Sabke samne aurat ko neecha dikhakar

mardangi sabit karte hoo,

Kisse paida how ahi bhul jaate hoo…

Itna sehne ke baad bhi shikayat na kaare,

main inke saath khush hu: bas yahi kehti fhiree…

Itna sunne ke baad bhi,

pyaar se tumhare liye khana pakaye…

Aurat jo samaj or gharwalo se lade,

Phir bhi tumhare sath jeee – marne ki kasmein khaaye…

Jo tumse ladkar bhi tumko choor na paaye,

Esa shaqs kaha se laoge…

Jism to khreed loge baazaroon mein,

Tumpe haq jatane waali kaha se laooge…

Kya tumhe ye kurbaniya nahi dikhti,

Jaani hooge tum paise waale…

Jao dhuund aao ye khushiya or chain mile agar kaahi…

Mard hone ka ghamand karna aasan hn,

Par har mard ki kahani me ek aurat ka yoogdaan mahaan hn…….

## About the author

Anshu Singh is a poet and writer whose work explores love, memories, heartbreak, and the emotions hidden between unspoken words.

Nakaam Rishte is his debut poetry collection.

Instagram: @the._ans08

# Thankyou

Aapne mere alfaazon ko apna waqt diya, iske liye dil se shukriya.

"Nakaam Rishte" sirf shayariyon ka sangrah nahi, balki un ehsaason ka safar hai jo kabhi alfaazon mein poore na utar sake.

Aasha karta hoon ki in panktiyon mein aapko apni kahani ka koi hissa zaroor mila hoga.

— Anshu Singh

www.ingramcontent.com/pod-product-compliance
Lightning Source LLC
LaVergne TN
LVHW090433210926
848480LV00002B/813
* 9 7 9 8 9 0 5 8 4 2 0 9 2 *